AF247888

LE CARTULAIRE

DE

l'Eglise S^T-Etienne de Bourges

(XIIIe SIÈCLE)

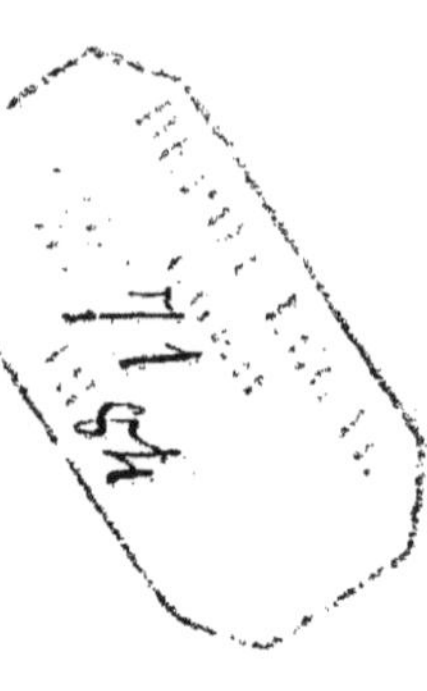

VISITE AUX VOUTES DE LADITE ÉGLISE

LES LUSTRES

MONSIEUR LE DIRECTEUR,

Tous les ans, la Bibliothèque nationale, dont le siége est à Paris, rue Richelieu, s'enrichit de nouveaux manuscrits, dont on lui fait don ou qu'elle achète. L'étude de ces manuscrits est très-intéressante pour les hommes qui s'occupent d'histoire, d'archéologie, de littérature, de science, etc. De 1874 à 1881, la Bibliothèque de Paris a fait de nombreuses acquisitions. Une des plus importantes est celle du cartulaire de l'église Saint-Étienne de Bourges. C'est un in-folio de 760 pages, tout en latin, bien entendu, et ayant, comme grandeur de format, ce que l'on est convenu d'appeler moyen format. Les dates extrêmes des articles contenus dans ce cartulaire sont 1166 et 1265. Mais la plus grande partie de ces articles, qui sont très-nombreux, porte la date de la première moitié du xiiie siècle. Le cartulaire contient plusieurs caractères d'écritures différentes. Les dates qu'il énumère ne se suivent pas; on trouve des dates postérieures

à l'an 1200, puis ensuite des dates anté-
rieures à cette dernière époque Il est facile
de comprendre l'intérêt qui s'attache à ce
recueil et combien il peut être curieux à
consulter.

J'avoue que je comptais y faire de pré-
cieuses découvertes. J'espérais y trouver des
détails sur la construction de la Cathédrale,
qui devait être en pleine activité à cette
époque, des détails sur les dépenses occa-
sionnées par cette construction, dépenses
qui pouvaient avoir été payées, au moins en
partie, par le chapitre, et peut-être même le
nom de l'architecte qui avait conçu le plan
de cette magnifique église ou qui en diri-
geait alors les travaux. Mon espoir a été déçu
et je n'ai rencontré presqu'aucune indication
sérieuse qui pût me mettre sur la voie de
découvertes importantes.

Il est vrai que mes recherches ont été très-
incomplètes. Pour se livrer, à l'égard du
manuscrit, à un travail un peu sérieux, sinon
approfondi, il faudrait passer deux mois à
Paris. Il n'est pas donné à tout le monde
de pouvoir le faire. Qu'il me suffise donc
aujourd'hui, Monsieur le Directeur, de vous
présenter une analyse très-succincte des

quelques parties du manuscrit qui, après une lecture rapide de ma part, m'ont paru les plus saillantes. En suivant, ou plutôt en parcourant les divers feuillets du cartulaire, voici ce que j'y ai trouvé, ce que j'y ai, pour ainsi dire, relevé au vol (1) :

En 1178, lettre de Mgr Garin, archevêque de Bourges : « Les prébendes de l'église Saint-Étienne sont réduites à 30. »

En 1195, folio 103, don de 500 livres « *quingentis libris* » par Henri de Sully, archevêque de Bourges, pour les réparations de l'église. « *Quia ecclesia nostra reparatione non modica indiget, ad ipsius reparationem, ad opus fabrice, omne quod de cetero nobis proveniet omnino donamus. Actum anno Incarnati Verbi m° c° nonagesimo quinto.* » Ainsi, en 1195 (2), c'est-à-dire tout-à-fait à la fin du xiie siècle, il était question d'une réparation considérable à faire à la Cathédrale : « *reparatione non modica* ».

(1) Je ne voudrais point affirmer qu'il ne m'est point échappé quelques erreurs dans un travail forcément un peu précipité.

(2) J'ai suivi la série des dates telle qu'elle existe dans le cartulaire.

En 1225, acquisition de la maison de la chantrerie, à la charge que Mgr le Chantre paiera une rente au chapitre.

Folio 121. — Donation faite par le chapitre au seigneur archevêque de Bourges, du mât de terre entre la grange de Turly et le chemin de Bourges aux Ays.

Folio 133. — Indemnité pour le chapitre contre le seigneur archevêque, pour l'événement du procès contre l'archevêque et chapitre de Bourdeaux, pour raison de la primatie auquel ils étaient intervenus.

1257. — Transaction entre les doyen et chapitre de Bourges et les habitants de Bengy, pour le droit de bourgeoisie.

Folio 142, — 1229. — Don de Philippe, archevêque de Bourges, pour acheter des livres d'église.

Folio 142, — année 1172. — Voici maintenant un acte qui a plus d'importance. Il semble indiquer le dessein de bâtir une église à Bourges :

In nomine sancte Trinitatis, Ego Stephanus, Dei gratiâ Bituricensis ecclesie Archiep.: Caritatis opera precipue digna sunt scripto commendari, quatinus auctoritas scripti ca-

lumnias repellat malignancium et salutare omnibus proponat exemplum. Universis itaque, tam presentibus quam futuris, notum fieri volumus quod nos magistro Odoni clerico nostro fidelitatem eius et devotionem quam circa nos et sanctam ecclesiam semper habuit, attendentes plateam illam que est ante ecclesiam beati Stephani (un mot illisible), *domum boni hominis cantoris dedimus et concessimus, ut in ea domum edificaret, ita tamen quod, quando opus fuerit,* CEDET STRUCTURE ECCLESIE (Le cartulaire porte textuellement : CEDET STRUCTURE ECCE)...... *quod ut ratum et firmum diutius permaneat, sigilli nostri munimine et nominibus testium subscriptis dignum duximus annotari. Testes Umbandus decanus, bonus homo cantor, Villelmus archipresbiter, Petrus Blesensis et Bartolomeus, canonici et presbiteri. Magister Theobaldus, Mattheus; hii sunt testes pro donatione platee, etc......*

Ainsi, on voit qu'en 1172, il est question de bâtir une église; nous avons vu précédemment qu'en 1195, il est déjà question de la réparer.

1227. — Renaud, damoiseau, *domicellus*

pignori obligat ecclesie beati Stephani, pro viginti libris turonensium..... unum modium fromenti......

1231.— *De testamento Petri de Carentonio militis, in quo legaverat ecclesie bituricensi duos sextarios bladi.*

Folio 113. — Acquisition par le sous-chantre de l'église de Bourges, de six septiers de froman..... à la mesure de Vattan, sur trois piesses (*sic*) de terre. (Note placée en marge du cartulaire.)

1231. — Charte constatant que *Gaufridus de Calcea, domicellus, pignori obligavit duos modios bladi in decima sua, sita in parrochia sancti Germani de Podio, que dicitur villa Meinardi.*

1238. — *De testamento Stephani de sancto Paladio, quo XX solidi reddituales ecclesie Bituricensi assignantur.*

1230. — Legs de dix sols parisis à l'église de Bourges.

1236. — *De legato facto ab Archambaudi de Soliaco XL solidorum turonensium, super estallos carnificum de capella gilonis* (La Cha-pelle-d'Angillon), *percipiendis in perpetuum, pro anniversario suo.*

1244. — *Littere de prato quod dederat P. Guioti ecclesie Bituricensi.*

Folio 155. — Transaction faite entre le chapitre et l'abbé Damassé, par laquelle l'abbé se départ de tout droit de disme..... dans la paroisse de

Cerboy.
Quincy.
Preuilly.
Sainte-Thorette.
Villeneuve.
Chéry (Note en marge du cartulaire).

Folio 165. — Testament du seigneur d'Issoudun (Raoul d'Issoudun), par lequel il fonde un anniversaire en l'église de Bourges et fait plusieurs autres legs et donations. (Note en marge du cartulaire.)

1240. — Autre testament d'Archambault de Sully, par lequel « *legavit ecclesie bituricensi XL solidos turonensium super estallos carnificum de capella gilonis.* »

1243. — Testament de Raoul de Meun par lequel il lègue à l'église de Bourges, pour son anniversaire, quatre septiers de seigle de rente.

Folio 167. — Assense d'une terre en la paroisse de Parawy (Parassy).

Id. Ste-Thorette. (Note en marge du cartulaire.)

Voici un document qui présente quelque intérêt :

Folio 299, — année 1232, si je ne me trompe. — *Noveritis quod Stephanus et Sulpicius, claustarii bituricenses, in nostra constituti presencia, juraverunt quod claustrum et domos canonicorum, in claustro et extra claustrum, et etiam, pro posse suo, ipsas canonicorum personas custodient bona fide, et vigilabunt et excubiabunt de nocte ipsum claustrum, portis seratis in sero, et in mane apertis ab eisdam claustariis, et de die custodient ecclesiam, et ab ea fugabunt trutannos et trutannas* (1)*, et non sustinebunt quod per ecclesiam inhonesta et turpia deferantur......*

J'ai copié très-exactement le cartulaire, en

______

(1) Quelques lecteurs seront peut-être étonnés que les gardiens du cloitre fussent obligés d'éloigner de l'église les verrats et les truies. Il convient d'observer qu'à cette époque, le marché aux porcs se tenait non loin de là, sur les remparts de la ville, et, si je ne me trompe, sur l'emplacement occupé aujourd'hui par l'avenue Bourbonnoux.

ajoutant seulement plusieurs signes de ponctuation qui n'existent point dans le texte.

1122. — Charte de Louis-le-Gros donnant à Bourges la terre de Saint-Palais.

1183. — Réduction du chapitre de 18 chanoines, compris le doyen, à 13.

Enfin, je trouve dans ledit cartulaire *un fragment* du catalogue des manuscrits composant la Bibliothèque de la Cathédrale de Bourges en 1265. Ce sont des manuscrits de théologie. En voici la liste ; elle est assez curieuse :

1° *Biblia in duas partes in magno volumine.*

2° *Moralia Job.*

3° *Item, omelia beati Augustini.*

4° *Passionarius in magno volumine.*

5° *Beda antiqus super evangelia.*

6° *Duo libri beati Gregorii in eodem volumine.*

7° *Psalterium glosatum de antiqua glosa.*

8° *Omelie beati Gregorii super evvangelia.*

9° *Annotatio super epistolas et evvangelia dominicorum.*

10° *Legende antiquissime plurimorum martyrum et confessorum.*

11° *Item, Beda in alio volumine.*

12° *Passiones et legende beati Bernardi et aliorum sanctorum.*

13° *Antiqus Remigius.*

14° *Ordinarius archiepiscoporum.*

15° *Alius ordinarius plenior.*

16° *Liber quem legavit dominus Manfredus* (c'était probablement le nom d'un chanoine; dans une autre partie du cartulaire, il est fait mention d'un chanoine portant ce nom).

17° *Quidam antiphonarius novus.*

Dans un feuillet précédent, en 1230, nous voyons que les chanoines se plaignent que l'Archevêque n'a pas un soin suffisant des livres qui composent la bibliothèque de la Cathédrale. Cette bibliothèque *vilissimos habet libros.* C'est l'Archevêque qui est chargé de les entretenir et de pourvoir la bibliothèque de nouveaux livres. *Dominus archiepiscopus hoc non vult facere.*

J'ignore si le prélat dont il est question ici ne pourvoyait pas suffisamment le chapitre des livres qui lui étaient nécessaires. — Il est à remarquer, et, au besoin, l'histoire serait là, je crois, pour le constater, que les vénérables chapitres et chanoines de nos cathédrales ont toujours eu grand souci de ne pas laisser tomber en désuétude les droits et les prérogatives qui pouvaient leur appartenir. Loin de moi la pensée de les en blâmer. C'est un devoir de veiller à la conservation d'un droit, surtout lorsqu'il a été établi dans un intérêt sérieux et pour un but utile.

Je ne pousse pas plus loin l'étude du cartulaire. J'ai dit pourquoi. — Les quelques citations que j'ai faites suffiront à faire comprendre, je pense, l'importance de ce recueil. A d'autres plus jeunes que moi, il appartient d'aller le compulser, de fouiller dans ce trésor et d'en extraire les richesses très-intéressantes qu'il peut contenir.

Du reste, j'ai entre les mains une lettre d'un intelligent élève de l'Ecole des chartes, qui propose de faire une copie très-exacte du cartulaire de l'église St-Etienne de Bourges. Il demande pour ce travail 1,000 à 1,200 fr., savoir : tant par ligne ou par 100 syllabes. La Société des Antiquaires du Centre serait-elle disposée à faire ce sacrifice?......

Maintenant, Monsieur le Directeur, si vous

le voulez bien, quelques mots sur la Cathédrale, dont je viens d'esquisser le cartulaire.

Il est bien rare que je fasse une course sans que je finisse par diriger mes pas du côté de la Cathédrale. J'ai voulu, ces jours-ci, faire une nouvelle visite aux travaux qu'on exécute en ce moment dans l'intérieur de la grande nef. Tous les habitants de Bourges, je le crois, portent un vif intérêt aux réparations faites sur et dans l'église Saint-Etienne. Après avoir gravi les nombreux degrés de sa plus haute tour, suivi ses longues galeries, traversé une partie du triforium, je suis enfin arrivé sur le parquet qui recouvre l'ingénieux échafaudage installé au-dessus de la nef centrale.

Parvenu à cette élévation, on éprouve une impression indéfinissable, une sorte d'émotion vertigineuse. On se sent, pour ainsi dire, plus près de l'Infini. Contemplée de cette hauteur, la grande nef paraissait avoir des profondeurs sans fin ; le silence régnait dans l'immense espace, tout imprégné de la majesté de Dieu ; jamais peut-être je n'avais senti d'une manière aussi vive la présence de la divinité.

En réalité, on trouve là-haut une église

dans une église ; et si jamais celle d'en bas devenait insuffisante, on aurait ici la ressource d'une belle succursale. Vue dé plus près, la voûte, avec ses admirables proportions et ses gracieuses courbures, reste néanmoins encore assez élevée. Tout autour de ce grand oratoire, il n'y a, pour ainsi dire, pas de murs ; ce ne sont que des verrières et des verrières du xiiiᵉ siècle. Les fenêtres qui, aperçues d'en bas, paraissent relativement un peu courtes, contiennent des personnages gigantesques, ayant des traits extraordinairement accentués. L'aspect de ces figures colossales a quelque chose d'étrange et presque d'effrayant. Ce sont les siècles passés, avec leur grandeur, qui nous regardent ; est-il étonnant qu'ils effraient nos petits caractères modernes ?

Disons quelques mots des voûtes et des réparations qu'on y opère maintenant :

L'état de ces voûtes est déplorable et la réparation à y faire était urgente. La partie comprise entre la grille du chœur et la seconde colonne du côté des grandes orgues est particulièrement mauvaise ; les moëllons qui ne sont pas liés entre eux ne sont retenus que par l'enduit intérieur en mortier d'une mince épaisseur; c'est un miracle qu'il ne soit pas tombé des moëllons entiers. Plusieurs parties sont noircies et s'effritent facilement. Je ne crois pas cependant à un incendie; ce doit être l'effet des eaux d'infiltration.

Depuis déjà longtemps, le mur long-pan semble avoir poussé au vide et les goussets des voûtes s'en sont détachés. Une première réparation a été faite au mortier. Le parement de pierre a été refait au moins deux fois et j'y relève ce nom :

SIMON PÉNAULT

1738

Le plâtre qui a été mis, il y a deux ans, n'a pas bougé; cela fait espérer que le mouvement au vide est arrêté.

Le mur long-pan a été fait en deux fois, les six premières travées ont des arcs de décharge noyés dans la maçonnerie, les autres n'en ont pas, et la charpente des combles diffère notamment à partir de cet endroit jusques et y compris l'abside.

En montant dans la charpente par l'escalier Saint-Guillaume, on voit aux poutres les plus voisines des traces d'incendie dues probablement à l'incendie d'un escalier en bois précédant celui qui y est actuellement et qui est fait de pièces et de morceaux.

A l'emplacement de l'ancien clocher, on lit ce nom :

JACQUES MARSAUT

1747

Du reste, hâtons-nous de dire que l'on continue toujours à réparer les voûtes avec la même intelligence et le même soin ; la réfection du grand vaisseau, tant à l'intérieur qu'à l'extérieur, sera probablement terminée avant la fin de l'année courante. Les nombreux amis de la Cathédrale peuvent dormir en paix, les fonds nécessaires pour solder la dépense de cette forte réparation sont assurés.

La visite aux travaux exécutés à l'intérieur des voûtes étant terminée, portons nos regards sur les verrières de l'abside qui viennent d'être remises à neuf. Elles ont été admirablement restaurées. Tout le monde, et avec raison, les trouve magnifiques et charmantes. Il en sera assurément de même des vitraux qui sont encore en réparation à Paris et dont le retour est attendu très-prochainement. Donc, honneur à l'habile peintre-verrier, qui a été chargé de cette œuvre importante et délicate.

Toutes les fenêtres de la grande nef, partant du fond de l'église jusqu'aux deux tiers de la nef à peu près, ne renferment que des grisailles ; les autres contiennent de grandes figures. Ces fenêtres sont composées d'une rose et de trois lancettes séparées par deux meneaux. A l'abside, les fenêtres ont une rose et deux lancettes séparées par un seul meneau. Il ne saurait, du reste, en être autrement, à cause de la disposition du chevet.

En regardant le sanctuaire et en commençant par la gauche, on trouve la série des prophètes qui annoncèrent le Messie ; à la suite, et à droite, la série des apôtres qui ont prêché l'Evangile au monde. A gauche, les verrières représentent : Habacuc, Zacharias, Malachias. — Sophonias, Amos, Nahum. — Micheas, Jonas, Abdias. — Aggée, Johel, Osée. — Daniel, Ezéchiel, Jérémie. — Isaïe, Moïse. — David, S. Jean-Baptiste.

— Ste-Marie, S. Étienne. (Ces deux derniers, dans l'axe de la nef.) S. Pierre, S. Paul. — S. André, S. Jehan. — S. Thomas, S. Philippe, S. Jacques. — S. Barthélemy, S. Matthieu, S. Simon. — S. Jacques-le-Mineur, S. Barnabé, S. Luc. — S. Matthieu, S. Cléophas, S. Silas.

Arrêtons-nous devant quelques-uns de ces grands personnages :

Voici d'abord Jérémie ; tout le monde connaît les tristes lamentations de Jérémie sur la ruine de Jérusalem : « Les rues de Jérusalem pleurent, dit le prophète. *Viæ Sion lugent,* parce qu'il n'y a plus personne qui aille à ses solennités ! » « Qui fournira à mes yeux, s'écrie-t-il, une fontaine de larmes, pour pleurer les larmes de Jérusalem. *Quis dabit capiti meo aquam, et oculis meis fontem lacrymarum? et plorabo die ac nocte interfectos filiæ populi mei.* »

Si cet homme de cœur et de génie, marqué du sceau de l'inspiration divine, eût vécu à notre époque, quels accents n'aurait-il pas trouvés pour pleurer les larmes de la France ?

Vient ensuite Isaïe. Devant cette noble

figure, il m'est impossible d'oublier que ce grand prophète, deux cents ans avant la naissance de Cyrus, l'appela par son nom et avertit que Dieu lui-même lui mettrait la couronne sur la tête et l'épée en main pour le rendre le libérateur de son peuple. « Car je suis le Seigneur, et il n'y en a point d'autre : il n'y a point de Dieu que moi. *Ut sciant hi qui ab ortu solis, et qui ab occidente, quoniam absque me non est. Ego Dominus, et non est alter.* »

On voit apparaître après, la figure du roi David, le poète de la douleur et du repentir. Tout son bonheur consistait à chanter la gloire de Dieu. *In te, Domine, cantatio mea semper.* Le plus beau des psaumes de David est peut-être le *De profundis*, et le plus touchant, le psaume 90, le troisième psaume des Complies du dimanche : *Qui habitat in adjutorio Altissimi, in protectione Dei cœli commorabitur.* Le colloque avec l'ange de Dieu est charmant.

Enfin, au fond, et au milieu du chevet, se trouve la fenêtre représentant la Vierge et S. Etienne ; la Sainte-Vierge à gauche, *Sancta Maria,* tenant dans ses bras l'Enfant-Jésus, et ayant sur sa tête une couronne de reine ;

et, à droite, S. Etienne, portant dans ses mains la Cathédrale.

Près de S. Etienne et à droite du spectateur, voici maintenant S. Pierre, cet ardent et généreux apôtre qui mérita d'être choisi pour être le chef de l'Eglise : « Tu es Pierre et sur cette pierre, je bâtirai mon église...... » S. Pierre tient dans sa main gauche deux grandes clés et dans la main droite, si je ne me trompe, une croix. On sait que ce saint apôtre, condamné à être crucifié, demanda à être attaché sur la croix la tête placée en bas, ne se croyant pas digne de mourir du même genre de supplice que son divin Maître.

Vient ensuite S. Paul, un des plus grands génies qui aient paru sur la terre, à ne le considérer qu'au point de vue philosophique et littéraire. Il est armé du glaive qui sépare la vérité de l'erreur : « Au ciel, s'écriait-il dans son langage inspiré, nous verrons Dieu, *Deum videbimus,* nous le verrons tel qu'il est, comme quelqu'un que l'on regarde en face, *Deum videbimus de facie ad faciem, sicuti est*; je le connaîtrai, ajoute l'écrivain sacré, comme je suis connu de Dieu lui-même. » Pour nous, qui sommes si facilement admirateurs des beautés de la terre, voir l'Auteur de toute beauté avec ses admirables perfections, quelle perspective, mon cher Directeur !

Vient, un peu plus loin, S. André. Il est représenté aussi avec une croix ; il a été, en effet, crucifié ; mais cloué à une croix toute différente de celle du Sauveur. Elle avait à peu près la forme d'un X.

Nous arrivons enfin à la belle et sympathique figure de S. Jean, l'apôtre de l'amour et de la charité. A propos de ce saint, l'abbé Godescard rapporte, d'après S. Clément d'Alexandrie et d'après Eusèbe, un fait trop touchant pour que, malgré la longueur du récit, je résiste à la satisfaction de le reproduire ici :

Parvenu à un âge déjà avancé et se trouvant dans une ville voisine d'Ephèse, S. Jean prononçait un discours ; il remarqua, parmi ses auditeurs, un jeune homme d'une figure intéressante.

Il le présenta à l'évêque en lui disant : « Je vous confie ce jeune homme, en présence de Jésus-Christ et de cette assemblée. » L'évêque promit de s'en charger et d'en prendre le plus grand soin. L'apôtre le lui recommanda de nouveau et retourna à Ephèse. L'évêque logea le jeune homme dans sa maison, l'instruisit et le forma à la pratique des vertus chrétiennes, après quoi il lui administra le baptême et la confirmation. Croyant n'avoir plus rien à craindre de sa part, il veilla sur lui avec moins d'exactitude et finit par le laisser maître de ses actions. De jeunes débauchés qui s'en aperçurent, le gagnèrent insensiblement et le firent entrer dans leur société. Bientôt le jeune homme oublia les maximes du christianisme et, à force d'accumuler crimes sur crimes, il étouffa tout remords; il en vint jusqu'à se faire chef de voleurs et il se montra le plus déterminé comme le plus cruel de la bande. Quelque temps après, saint Jean eut l'occasion d'aller dans la même ville. Lorsqu'il eut terminé les affaires qui l'y appelaient, il dit à l'évêque : « Rendez-moi le » dépôt que Jésus-Christ et moi vous avons » confié en présence de votre église. » L'évêque, étonné, ne savait ce que signifiait cette demande, il s'imaginait que l'apôtre parlait d'un dépôt d'argent. Le saint, s'expliquant, lui dit qu'il lui redemandait l'âme de son frère qu'il lui avait confiée. Alors l'évêque

lui répondit en soupirant et les yeux baignés
de larmes : « Hélas ! il est mort. » « De quel
» genre de mort ? » reprit le saint. « Il est
» mort à Dieu », répliqua l'évêque ; « il s'est
» fait voleur et, au lieu d'être à l'Eglise avec
» nous, il s'est établi sur une montagne où
» il vit avec des hommes aussi méchants
» que lui. » A ce discours, le saint apôtre
déchira ses habits, puis, poussant un pro-
fond soupir, il dit avec larmes : « Oh ! quel
» gardien j'ai choisi pour veiller sur l'âme
» de mon frère ! » Il demande un cheval
avec un guide et se rend à la montagne. Il
fut arrêté par les sentinelles des voleurs ;
mais au lieu de chercher à fuir ou de
demander la vie : « C'est pour cela, s'écria-
» t-il, que je suis venu, conduisez-moi à
» votre chef. » Celui-ci le voyant venir, prit
ses armes pour le recevoir ; mais quand il
reconnut saint Jean, il fut pénétré de crainte
et de confusion et se mit à fuir. L'apôtre ou-
blie son grand âge et sa faiblesse, il court
après lui en criant : « Mon fils, pourquoi
» fuyez-vous ainsi votre père ? C'est un vieil-
» lard sans armes dont vous n'avez rien à
» craindre. Mon fils, ayez pitié de moi. Vous
» pouvez vous repentir ; votre salut n'est

» point désespéré. Je répondrai pour vous à
» Jésus-Christ. Je suis prêt à donner ma vie
» pour vous, comme Jésus-Christ a donné
» la sienne pour tous les hommes. J'enga-
» gerai mon âme pour la vôtre. Arrêtez,
» croyez-moi, je suis envoyé par Jésus-
» Christ. » A ces mots, le jeune homme
s'arrête, jette ses armes tout tremblant et
fond en larmes. Il embrasse l'apôtre comme
un père tendre et lui demande pardon ; mais
il cache sa main droite qui avait été souillée
de tant de crimes. Il tâchait, par la vivacité
de sa componction, d'expier ses péchés, au-
tant qu'il en était capable et de trouver,
selon la belle expression de saint Clément,
un second baptême dans ses larmes. Le saint
tomba à ses pieds, baisa sa main droite,
qu'il tenait cachée, lui assura que Dieu lui
pardonnerait ses péchés et le ramena à
l'Eglise. Il priait et jeûnait avec lui et pour
lui; il ne cessait de lui citer les passages
les plus touchants de l'Ecriture pour le con-
soler et l'encourager. Il ne le quitta qu'après
l'avoir réconcilié à l'Eglise par l'absolution
et par la participation des sacrements.

Vous voilà bien loin de votre point de départ, dira-t-on. Je pense, au contraire, être tout à fait dans les entrailles de mon sujet.

En effet, lorsque nos pères du Moyen-Age sculptaient ces admirables bas-reliefs que nous trouvons au frontispice de presque toutes nos grandes cathédrales; lorsqu'ils couvraient d'innombrables statues et statuettes ces mêmes cathédrales; lorsqu'ils jetaient sur leurs vitraux ces dessins si expressifs et si colorés, pensez-vous qu'ils faisaient de l'art? qu'ils n'avaient d'autre intention que de faire de l'art? Oh! non, certainement; leur pensée était bien plus haute. En présentant à nos regards les images des patriarches, des prophètes et des saints, les exemples de leurs vertus, les divers mystères du christianisme, la connexité du Nouveau et de l'Ancien Testament, la lutte du bien et du mal, les récompenses des bons, recueillis dans le sein d'Abraham, et les châtiments infligés aux mauvais, jetés par d'affreux démons dans un gouffre d'horribles supplices, etc., etc., leur but était de faire entrer par les yeux et de faire pénétrer profondément dans les âmes des idées, des croyances, des impressions, des convictions religieuses; c'était là la pensée inspiratrice de leurs plus belles œuvres. Les sculptures, les bas-reliefs, les verrières, c'était leur tribune, leur chaire, leur moyen de prédication... Eh bien ! tout à l'heure, en entrant dans quelques détails relatifs à la mission des prophètes et des apôtres, mon désir était de répondre à ces hautes pensées et, dans une certaine mesure, de m'associer à cet apostolat.

Avant de quitter le plancher sur lequel j'étais monté, j'ai voulu jeter un dernier coup d'œil sur la partie de la nef qui s'étend entre l'extrémité de ce plancher et le fond de l'église. De ce côté, il n'y a pas de fenêtres murées par des cloisons de planches et de briques, comme du côté du chevet. Aussi, que cette nef paraît belle et majestueuse ! quelle noblesse dans cette architecture et quelle élévation ! Comme toutes ces colonnettes sont élégantes ! Comme la grande rose et l'immense verrière qui éclairent la façade occidentale sont magnifiques ! Tout cet ensemble est sublime. Et puis, il faut bien le dire, rien ne gêne la vue ; aucun objet étranger ne vient s'interposer entre la verrière du fond de l'édifice et les yeux du spectateur ; aucun obstacle ne brise cette belle perspective.

Dans cette situation, en effet, comme du haut de la tribune de l'orgue, on est placé au-dessus des lustres ; on les domine, on ne les voit pas...

Hélas ! ces malheureux lustres, ils sont donc toujours là, et cependant ils sont bien choquants. Je leur ai déclaré la guerre. J'avoue que je ne les aperçois pas sans éprouver une sorte de souffrance. Si vous le voulez bien, Monsieur le Directeur, nous allons de nouveau examiner, en quelques mots, cette question et discuter l'existence de ces grands luminaires.

Les lustres sont-ils beaux ?

Non ; ils sont beaucoup trop volumineux ; avec leur système compliqué d'enroulements spiraux, ils ont quelque chose d'entortillé et de confus. Positivement, ils ne sont pas beaux.

Eclairent-ils assez l'église ?

Non ; leur lumière est insuffisante.

Sont-ils en rapport avec le style général du monument ?

Non ; bien au contraire ; ils sont en contre-harmonie avec le caractère d'architecture de la Cathédrale : les églises gothiques ne comportent aucune dorure, aucun ornement de ce genre.

Servent-ils au moins à faire valoir et à relever la beauté de la grande nef?

Non; tout au contraire; ils nuisent à l'effet général de la nef, ils empêchent d'en apprécier l'imposante majesté et c'est là leur plus grand tort.

Alors, pourquoi les conserver? pourquoi ne pas les supprimer? La question, dira-t-on peut-être, n'est pas encore mûre; elle sera mûre quand on le voudra.

Il est certain qu'il y a unanimité d'opinion à l'encontre des lustres. Dans l'esprit de tout le monde, ou au moins du plus grand nombre, ils sont condamnés. Mais il arrive quelquefois que la mise en pratique des idées les plus justes, les plus universellement admises, est arrêtée par des questions de détails et par de petites difficultés d'exécution. Ainsi, on avait proposé, et je m'étais, dans une certaine mesure, et non sans quelque regret, rallié à ce projet, on avait proposé, dis-je, de placer les lustres entre les piliers de la grande nef, sous les arcades qui les séparent. Mais alors, ont objecté immédiatement quelques personnes, comment pourra-t-on faire monter et faire descendre les lustres, puisqu'on ne pourra point employer le système de poulies et de contre-poids qui existe aujourd'hui sur l'extrados des voûtes?..... D'abord, je crois qu'on pourrait très-bien, avec un autre procédé, faire opérer aux lustres les mouvements qu'ils effectuent maintenant. Mais, dans le cas où cela serait impossible, et puisqu'il faut absolument ici entrer dans des détails tout à fait prosaïques, on pourra toujours allumer les lustres au moyen d'une mèche de cire placée à l'extrémité d'un long bâton; et pour les nettoyer et placer de nouvelles bougies dans l'intérieur des tubes qui les contiennent, on se servira d'une grande échelle double, ce qui se pratique dans beaucoup d'églises; ce n'est pas plus difficile que cela.

Il n'y a donc pas là un obstacle sérieux.

A l'occasion du dernier opuscule dans lequel je vous avais déjà entretenu de la question des lustres, j'ai reçu plusieurs lettres. Dans une de ces lettres, on les qualifie de monstrueux; dans une autre, émanée d'un des membres les plus distingués du clergé berrichon, on m'écrit : « Les lustres *déshonorent* votre belle Cathédrale. »

Oui, oui, d'une manière ou d'une autre, il faudra bien que l'on en finisse avec ces tristes lustres.

Le lustre, c'est l'ennemi !

Recevez, Monsieur le Directeur, l'expression de mes sentiments très-distingués.

ALFRED DE BOISSOUDY.

Bourges, le 4 Avril 1884.

BOURGES. — IMPRIMERIE H. SIRE.